Pour Marie-Thérèse
et Claude

Le CD qui accompagne ce livre a été enregistré
par Charles, de la chorale « Les amis de tous les enfants du monde »,
les enfants de « Les amis de tous les enfants du monde » (direction : Éric Bessot),
Michel Barouille, Isabelle Gaboriau.
Piano, claviers : Dominique Fauchard. Guitares : Joël Roulleau. Basse : Dominique Bertram.
Percussions : Marc Chantereau. Clarinette : Jérôme Julien-Laferrière.
Violon : Christelle Lassort. Flûte : Frédéric Chatoux. Tambour : Fabrice Grelet.
La chanson « Aux marches du palais » a été enregistrée
par les Musiciens de Mademoiselle de Guise (direction : Laurence Pottier)
et les enfants des écoles de musique de Limay et L'Étang-la-Ville (direction : Aline Béhar).
℗ 2005, Bayard Jeunesse Musique

© 2005, Bayard Éditions Jeunesse
ISBN : 2 7470 1756 7
Dépôt légal : septembre 2005

Les papiers sculptés de Bernard Jeunet ont été photographiés par le studio Quéméré à Quimper.

Imprimé en Italie.
Loi 49-956 du 16 juillet 1949 sur les publications destinées à la jeunesse.

Bernard Jeunet

Les plus belles chansons de toujours

BAYARD JEUNESSE

Il était un petit homme

Il é - tait un pe-tit hom - me, Pi - rouet - te, ca-ca-

houè - te ! Il é - tait un pe-tit homme, qui a-vait une drôle de mai-

son, qui a - vait une drôle de mai - son Sa mai-

Il était un petit homme,
Pirouette, cacahouète !
Il était un petit homme,
qui avait une drôle
de maison *(bis)*.

Sa maison est en carton,
Pirouette, cacahouète !
Sa maison est en carton,
ses escaliers sont en papier
(bis).

Le premier qui va monter,
Pirouette, cacahouète !
Le premier qui va monter,
va se casser le bout du nez
(bis).

Le facteur y est monté,
Pirouette, cacahouète !
Le facteur y est monté,
il s'est cassé le bout du nez
(bis).

On lui a raccommodé,
Pirouette, cacahouète !
On lui a raccommodé,
avec du joli fil doré
(bis).

Le beau fil s'est cassé,
Pirouette, cacahouète !
Le beau fil s'est cassé,
le bout du nez s'est envolé
(bis).

Un avion à réaction,
Pirouette, cacahouète !
Un avion à réaction
a rattrapé le bout du nez
(bis).

Mon histoire est terminée,
Pirouette, cacahouète !
Mon histoire est terminée,
messieurs, mesdames,
applaudissez ! *(bis)*

Tu peux écouter cette chanson sur ton CD, piste 1.

Gentil coquelicot

J'ai des-cen - du dans mon jar-din, j'ai des-cen - du dans mon jar-

din, pour y cueil - lir du ro - ma - rin. Gen - til co - qu'li

cot, mes - da - mes, gen - til co - qu'li - cot nou - veau.

J'ai descendu
dans mon jardin *(bis)*,
pour y cueillir du romarin.
Gentil coquelicot, mesdames,
gentil coquelicot nouveau.

Pour y cueillir
du romarin *(bis)*.
J'n'en avais pas cueilli
trois brins.
Gentil coquelicot, mesdames,
gentil coquelicot nouveau.

J'n'en avais pas cueilli
trois brins *(bis)*,
qu'un rossignol vint
sur ma main.
Gentil coquelicot, mesdames,
gentil coquelicot nouveau.

Qu'un rossignol
vint sur ma main *(bis)*.
Il me dit trois mots en latin.
Gentil coquelicot, mesdames,
gentil coquelicot nouveau.

Il me dit trois mots
en latin *(bis)* :
que les hommes
ne valent rien.
Gentil coquelicot, mesdames,
gentil coquelicot nouveau.

Que les hommes
ne valent rien *(bis)*,
et les garçons
encore bien moins.
Gentil coquelicot, mesdames,
gentil coquelicot nouveau.

Et les garçons encore
bien moins *(bis)*,
des dames, il ne me dit rien.
Gentil coquelicot, mesdames,
gentil coquelicot nouveau.

Des dames,
il ne me dit rien *(bis)*,
mais des d'moiselles
beaucoup de bien.
Gentil coquelicot, mesdames,
gentil coquelicot nouveau.

Cadet Rousselle

Ca - det   Rous-selle   a trois mai - sons,   Ca-det Rous-selle a trois mai - sons, qui n'ont ni pou-tres ni che-
vrons,   qui n'ont ni pou-tres ni che-vrons. C'est pour lo - ger les hi - ron - del-les, que di-rez- vous d'Cadet Rous-
sel - le? Ah!   Ah! Ah! Oui vrai - ment,   Ca - det   Rous - selle est bon en - fant!

Cadet Rousselle
a trois maisons (bis),
qui n'ont ni poutres
ni chevrons (bis).
C'est pour loger
les hirondelles,
que direz-vous
de Cadet Rousselle ?

Refrain
Ah ! Ah ! Ah !
Oui vraiment,
Cadet Rousselle
est bon enfant !

Cadet Rousselle
a trois habits (bis).
Deux jaunes,
l'autre en papier gris (bis).

Il met celui-là quand il gèle,
ou quand il pleut
et quand il grêle.

Refrain

Cadet Rousselle
a trois beaux yeux (bis).
L'un regarde à Caen,
l'autre à Bayeux (bis).
Comme il n'a pas la vue
bien nette,
le troisième,
c'est sa lorgnette.

Refrain

Cadet Rousselle
a une épée (bis),

très longue
mais toute rouillée (bis).
On dit qu'elle
ne cherche querelle
qu'aux moineaux
et qu'aux hirondelles.

Refrain

Cadet Rousselle
a trois garçons (bis).
L'un est voleur,
l'autre est fripon (bis).
Le troisième
est un peu ficelle,
il ressemble
à Cadet Rousselle.

Refrain

10

Ah ! mon beau château

Ah ! mon beau châ-teau, ma tant' ti-re li-re li-re. Ah ! mon beau châ-teau, ma tant' ti-re li-re lo. Le nôtre est plus beau, ma tant' ti-re li-re li-re. Le nôtre est plus beau, ma tant' ti-re li-re lo.

Ah ! mon beau château,
ma tant' tire lire lire.
Ah ! mon beau château,
ma tant' tire lire lo.

Le nôtre est plus beau,
ma tant' tire lire lire.
Le nôtre est plus beau,
ma tant' tire lire lo.

Nous le détruirons,
ma tant' tire lire lire.
Nous le détruirons,
ma tant' tire lire lo.

Comment ferez-vous ?
ma tant' tire lire lire.

Comment ferez-vous ?
ma tant' tire lire lo.

Nous prendrons vos filles,
ma tant' tire lire lire.
Nous prendrons vos filles,
ma tant' tire lire lo.

Laquelle prendrez-vous ?
ma tant' tire lire lire.
Laquelle prendrez-vous ?
ma tant' tire lire lo.

Celle que voici,
ma tant' tire lire lire.
Celle que voici,
ma tant' tire lire lo.

Que lui donnerez-vous ?
ma tant' tire lire lire.
Que lui donnerez-vous ?
ma tant' tire lire lo.

De jolis bijoux,
ma tant' tire lire lire.
De jolis bijoux,
ma tant' tire lire lo.

Nous n'en voulons pas,
ma tant' tire lire lire.
Nous n'en voulons pas,
ma tant' tire lire lo.

 Tu peux écouter cette chanson sur ton CD, piste 2.

Il pleut, bergère

Il pleut, il pleut, ber - gè - re, ren - tre tes blancs mou - tons.
Al - lons sous la chau - miè - re, ber - gè - re, vite, al - lons.
J'en - tends sur le feuil - la - ge l'eau qui tom - b'à grand bruit. Voi -
ci, voi - ci l'o - ra - ge, voi - là l'é - clair qui luit.

Il pleut, il pleut, bergère,
rentre tes blancs moutons.
Allons sous la chaumière,
bergère, vite, allons.
J'entends sur le feuillage
l'eau qui tombe à grand bruit.
Voici, voici l'orage,
voilà l'éclair qui luit.

Entends-tu le tonnerre ?
Il roule en approchant.
Prends un abri, bergère,
à ma droite en marchant.

Je vois notre cabane,
et tiens, voici venir
ma mère et ma sœur Anne
qui vont l'étable ouvrir.

Bonsoir, bonsoir, ma mère,
ma sœur Anne, bonsoir.
J'amène ma bergère
près de vous pour ce soir.
Va te sécher, ma mie,
auprès de nos tisons.
Sœur, fais-lui compagnie,
entrez, petits moutons.

Soupons, prends cette chaise,
tu seras près de moi.
Ce flambeau de mélèze
brûlera devant toi.
Goûte de ce laitage,
mais tu ne manges pas ?
Tu te sens de l'orage,
il a lassé tes pas.

Eh bien, voilà ta couche,
dors-y bien jusqu'au jour.
Laisse-moi sur ta bouche
prendre un baiser d'amour.
Ne rougis pas, bergère,
ma mère et moi, demain,
nous irons chez ton père
lui demander ta main.

Mon âne, mon âne

Mon â - ne, mon â - ne a bien mal à sa tête. Ma-
dame lui a fait fai - re un bon-net pour sa fête, un bon-net pour sa
fête, et des sou-liers li - las, la la, et des sou-liers li - las.

Mon âne, mon âne
a bien mal à sa tête.
Madame lui a fait faire
un bonnet
pour sa fête *(bis)*,
et des souliers lilas, la la,
et des souliers lilas.

Mon âne, mon âne
a bien mal aux oreilles.
Madame lui a fait faire
une paire de boucles
d'oreilles,
un bonnet pour sa fête,
et des souliers lilas, la la,
et des souliers lilas.

Mon âne, mon âne
a bien mal à ses yeux.
Madame lui a fait faire
une paire de lunettes bleues,
une paire de boucles
d'oreilles,
un bonnet pour sa fête,
et des souliers lilas, la la,
et des souliers lilas.

Mon âne, mon âne
a bien mal à ses dents.
Madame lui a fait faire
un râtelier d'argent,
une paire de lunettes bleues,
une paire
de boucles d'oreilles,

un bonnet pour sa fête,
et des souliers lilas, la la,
et des souliers lilas.

Mon âne, mon âne
a mal à l'estomac.
Madame lui a fait faire
une tasse de chocolat,
un râtelier d'argent,
une paire de lunettes bleues,
une paire de boucles
d'oreilles,
un bonnet pour sa fête,
et des souliers lilas, la la,
et des souliers lilas.

Vive le vent

Sur le long chemin
tout blanc de neige blanche,
un vieux monsieur
s'avance avec sa canne
dans la main.
Et tout là-haut le vent
qui siffle dans les branches
lui souffle la romance
qu'il chantait petit enfant.

Vive le vent, vive le vent,
vive le vent d'hiver,
qui s'en va sifflant, soufflant
dans les grands sapins verts.
Vive le vent, vive le vent,
vive le vent d'hiver,
boule de neige et jour de l'an,
et bonne année, grand-mère !

Joyeux, joyeux Noël
aux mille bougies
qu'enchantent vers le ciel
les cloches de la nuit.

Vive le vent, vive le vent,
vive le vent d'hiver,
qui s'en va sifflant, soufflant
dans les grands sapins verts.
Vive le vent, vive le vent,
vive le vent d'hiver,
qui rapporte
aux vieux enfants
un souvenir d'hier.

Et le vieux monsieur
descend vers le village,
c'est l'heure où tout est sage

et l'ombre danse
au coin du feu.
Et dans chaque maison,
il flotte un air de fête,
partout la table est prête
et l'on entend
la même chanson.

Vive le vent, vive le vent,
vive le vent d'hiver,
qui s'en va sifflant, soufflant
dans les grands sapins verts.
Vive le vent, vive le vent,
vive le vent d'hiver,
boule de neige et jour de l'an,
et bonne année, grand-mère !

♫ Tu peux écouter cette chanson sur ton CD, piste 3.

Sur le pont du Nord

Sur l'pont du Nord, un bal y est don - né. Sur l'pont du Nord, un

bal y est don - né. A - dèle de - mande à sa mère d'y al-

ler. A - dèle de - mande à sa mère d'y al - ler.

Sur l'pont du Nord,
un bal y est donné *(bis)*.
Adèle demande
à sa mère d'y aller *(bis)*.

– Non, non, ma fille,
tu n'iras pas danser *(bis)*.
Monte à sa chambre
et se met à pleurer *(bis)*.

Son frère arrive
dans un bateau doré *(bis)*.
–Ma sœur, ma sœur,
qu'as-tu donc à pleurer ? *(bis)*

– Maman n'veut pas
que j'aille au bal danser *(bis)*.
– Mets ta robe blanche
et ta ceinture dorée *(bis)*.

Et nous irons tous deux
au bal danser *(bis)*.
La première danse,
Adèle a bien dansé *(bis)*.

La deuxième danse,
le pont s'est écroulé *(bis)*.
Les cloches de Nantes
se mirent à sonner *(bis)*.

La mère demande
pour qui elles ont sonné *(bis)*.
C'est pour Adèle
et votre fils aîné *(bis)*.

Voilà le sort
des enfants obstinés *(bis)*.
Qui vont au bal
sans y être invités *(bis)*.

Auprès de ma blonde

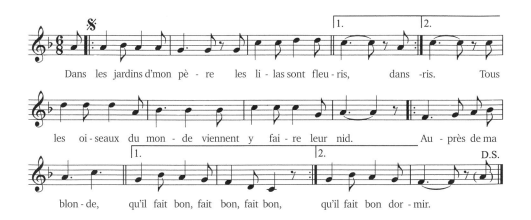

Dans les jardins d'mon pè - re les li - las sont fleu - ris, dans -ris. Tous les oi - seaux du mon - de viennent y fai - re leur nid. Au - près de ma blon - de, qu'il fait bon, fait bon, fait bon, qu'il fait bon dor - mir.

Dans les jardins d'mon père
les lilas sont fleuris *(bis)*.
Tous les oiseaux du monde
viennent y faire leur nid.

Refrain
Auprès de ma blonde,
qu'il fait bon,
fait bon, fait bon,
auprès de ma blonde
qu'il fait bon dormir.

La caille, la tourterelle
et la jolie perdrix *(bis)*
et ma jolie colombe
qui chante jour et nuit.

Refrain

Qui chante pour les filles
qui n'ont pas de mari *(bis)*,
pour moi ne chante guère
car j'en ai un joli.

Refrain

– Dites-nous donc, la belle,
où donc est votre mari ? *(bis)*
– Il est dans la Hollande,
les Hollandais l'ont pris.

Refrain

– Que donneriez-vous, belle,
pour avoir votre ami ? *(bis)*
– Je donnerais Versailles,
Paris et Saint-Denis.

Refrain

Les tours de Notre-Dame,
et le clocher de mon pays *(bis)*.
Et ma blanche colombe
qui l'attend jour et nuit.

Trois jeunes tambours

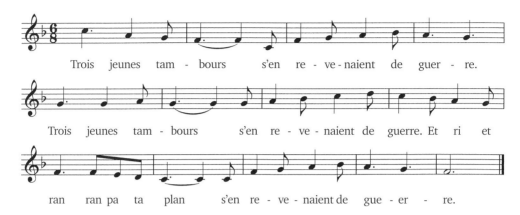

Trois jeunes tam - bours s'en re - ve - naient de guer - re.

Trois jeunes tam - bours s'en re - ve - naient de guerre. Et ri et

ran ran pa ta plan s'en re - ve - naient de gue - er - re.

Trois jeunes tambours
s'en revenaient de guerre *(bis)*.
Et ri et ran ran pa ta plan
s'en revenaient de guerre.

Le plus jeune a
dans sa bouche une rose *(bis)*.
Et ri et ran ran pa ta plan
dans sa bouche une rose.

Fille du roi
était à sa fenêtre *(bis)*.
Et ri et ran ran pa ta plan
était à sa fenêtre.

Joli tambour,
donne-moi donc ta rose *(bis)*.
Et ri et ran ran pa ta plan
donne-moi donc ta rose.

Fille du roi,
donne-moi donc ton cœur *(bis)*.
Et ri et ran ran pa ta plan
donne-moi donc ton cœur.

Joli tambour,
demande-le à mon père *(bis)*.
Et ri et ran ran pa ta plan
demande-le à mon père.

Sire le roi,
donnez-moi votre fille *(bis)*.
Et ri et ran ran pa ta plan
donnez-moi votre fille.

Joli tambour,
tu n'es pas assez riche *(bis)*.
Et ri et ran ran pa ta plan
tu n'es pas assez riche.

J'ai trois vaisseaux
dessus la mer jolie *(bis)*.
Et ri et ran ran pa ta plan
dessus la mer jolie.

L'un chargé d'or,
l'autre de pierreries *(bis)*.
Et ri et ran ran pa ta plan
l'autre de pierreries.

Et le troisième,
pour promener ma mie *(bis)*.
Et ri et ran ran pa ta plan
pour promener ma mie.

Joli tambour,
dis-moi quel est ton père *(bis)*.
Et ri et ran ran pa ta plan
dis-moi quel est ton père.

Sire le roi,
c'est le roi d'Angleterre *(bis)*.
Et ri et ran ran pa ta plan
c'est le roi d'Angleterre.

Joli tambour,
tu auras donc ma fille *(bis)*.
Et ri et ran ran pa ta plan
tu auras donc ma fille.

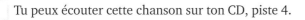 Tu peux écouter cette chanson sur ton CD, piste 4.

Le bon roi Dagobert

Le bon roi Dagobert
avait sa culotte à l'envers
Le grand saint Éloi lui dit : Ô mon roi, Votre Majesté est mal
culottée. C'est vrai, lui dit le roi, je vais la remettre à l'endroit.

Le bon roi Dagobert
avait sa culotte à l'envers.
Le grand saint Éloi lui dit :
– Ô mon roi, Votre Majesté
est mal culottée.
– C'est vrai, lui dit le roi,
je vais la remettre à l'endroit.

Le bon roi Dagobert
chassait dans la plaine d'Anvers.
Le grand saint Éloi lui dit :
– Ô mon roi, Votre Majesté
est bien essoufflée.
– C'est vrai, lui dit le roi,
un lapin courait après moi.

Le bon roi Dagobert
voulait s'embarquer sur la mer.
Le grand saint Éloi lui dit :

– Ô mon roi, Votre Majesté
se fera noyer.
– C'est vrai, lui dit le roi,
on pourra crier : le roi boit !

Le bon roi Dagobert
mangeait en glouton du dessert.
Le grand saint Éloi lui dit :
– Ô mon roi,
vous êtes gourmand,
ne mangez pas tant.
– C'est vrai, lui dit le roi,
je ne le suis pas tant que toi.

Le bon roi Dagobert
avait un grand sabre de fer.
Le grand saint Éloi lui dit :
– Ô mon roi, Votre Majesté
pourrait se blesser.

– C'est vrai, lui dit le roi,
qu'on me donne un sabre
de bois.

Le bon roi Dagobert
se battait à tort à travers.
Le grand saint Éloi lui dit :
– Ô mon roi, Votre Majesté
se fera tuer.
– C'est vrai, lui dit le roi,
mets-toi vite devant moi.

Quand Dagobert mourut,
le diable aussitôt accourut.
Le grand saint Éloi lui dit :
– Ô mon roi, Satan va passer,
faut vous confesser.
– Hélas ! lui dit le roi,
ne pourrais-tu mourir pour moi ?

À la volette

Mon pe - tit oi - seau a pris sa vo - lée. Mon pe -

tit oi - seau a pris sa vo - lée. A pris sa, à la vo -

let - te, a pris sa, à la vo - let - te, a pris sa vo - lée.

La branche était sèche,
elle s'est cassée *(bis)*.
Elle s'est,
à la volette *(bis)*,
elle s'est cassée.

Mon petit oiseau,
veux-tu te soigner *(bis)* ?
Veux-tu te,
à la volette *(bis)*,
veux-tu te soigner ?

Mon petit oiseau
a pris sa volée *(bis)*.
A pris sa,
à la volette *(bis)*,
a pris sa volée.

Mon petit oiseau,
où t'es-tu blessé *(bis)* ?
Où t'es-tu,
à la volette *(bis)*,
où t'es-tu blessé ?

Je veux me soigner
et me marier *(bis)*.
Et me ma,
à la volette *(bis)*,
et me marier.

Est allé se mettre
sur un oranger *(bis)*.
Sur un o,
à la volette *(bis)*,
sur un oranger.

Me suis cassé l'aile
et tordu le pied *(bis)*.
Et tordu,
à la volette *(bis)*,
et tordu le pied.

Me marier bien vite
sur un oranger *(bis)*.
Sur un o,
à la volette *(bis)*,
sur un oranger.

Tu peux écouter cette chanson sur ton CD, piste 5.

Compère Guilleri

Il était un p'tit homme qui s'app'lait Guil-le-ri, Ca-ra-bi. Il s'en fut à la chas-se, à la chasse aux per-drix Ca-ra-bi. Ti-ti Ca-ra-bi, To-to Ca-ra-bo, Com-pè-re Guil-le-ri ! Te lai-ras-tu, te lai-ras-tu, te lai-ras-tu mou-ri'!

Il était un p'tit homme
qui s'app'lait Guilleri, Carabi.
Il s'en fut à la chasse,
à la chasse aux perdrix,
Carabi.

Refrain
Titi Carabi,
Toto Carabo,
Compère Guilleri !
Te lairas-tu, te lairas-tu,
te lairas-tu mouri' !

Il s'en fut à la chasse,
à la chasse aux perdrix, Carabi.
Il monta sur un arbre
pour voir ses chiens couri',
Carabi.
Refrain

Il monta sur un arbre
pour voir ses chiens couri',
Carabi.
La branche vint à rompre
et Guilleri tombit, Carabi.
Refrain

La branche vint à rompre
et Guilleri tombit, Carabi.
Il se cassa la jambe
et le bras se démit,
Carabi.
Refrain

Il se cassa la jambe
et le bras se démit, Carabi.
Les dames de l'hôpital
sont arrivées au bruit,
Carabi.
Refrain

Les dames de l'hôpital
sont arrivées au bruit, Carabi.
L'une apporte un emplâtre,
l'autre de la charpie,
Carabi.
Refrain

L'une apporte un emplâtre,
l'autre de la charpie, Carabi.
On lui banda la jambe
et le bras lui remit,
Carabi.
Refrain

On lui banda la jambe
et le bras lui remit, Carabi.
Pour remercier ces dames,
Guilleri les embrassit,
Carabi.
Refrain

En passant par la Lorraine

En pas - sant par la Lor - rai - ne, a - vec mes sa - bots, en passant par la Lor - rai - ne, a - vec mes sa - bots, ren-con-
trai trois ca - pi - tai - nes, a - vec mes sa-bots don - dai - ne, oh oh
oh ! a - vec mes sa - bots.

Ils m'ont appelée vilaine,
avec mes sabots *(bis)*.
Je ne suis pas si vilaine,
avec mes sabots
dondaine, oh oh oh !
avec mes sabots.

Il m'a donné pour étrennes,
avec mes sabots *(bis)*,
un bouquet de marjolaine,
avec mes sabots
dondaine, oh oh oh !
avec mes sabots.

En passant par la Lorraine,
avec mes sabots *(bis)*,
rencontrai trois capitaines,
avec mes sabots
dondaine, oh oh oh !
avec mes sabots.

Je ne suis pas si vilaine,
avec mes sabots *(bis)*,
puisque le fils du roi m'aime,
avec mes sabots
dondaine, oh oh oh !
avec mes sabots.

Un bouquet de marjolaine,
avec mes sabots *(bis)*.
S'il fleurit, je serai reine,
avec mes sabots
dondaine, oh oh oh !
avec mes sabots.

Rencontrai trois capitaines,
avec mes sabots *(bis)*.
Ils m'ont appelée vilaine,
avec mes sabots
dondaine, oh oh oh !
avec mes sabots.

Puisque le fils du roi m'aime,
avec mes sabots *(bis)*,
il m'a donné pour étrennes,
avec mes sabots
dondaine, oh oh oh !
avec mes sabots.

S'il fleurit, je serai reine,
avec mes sabots *(bis)*.
S'il périt, je perds ma peine,
avec mes sabots
dondaine, oh oh oh !
avec mes sabots.

Mon beau sapin

Mon beau sa-pin, roi des fo-rêts, que j'ai-me ta ver-du-re ! Quand par l'hi-ver, bois et gué-rets sont dé-pouil-lés de leurs at-traits. Mon beau sa-pin, roi des fo-rêts, tu gar-des ta pa-ru-re.

Mon beau sapin,
roi des forêts,
que j'aime ta verdure !

Mon beau sapin,
roi des forêts,
que j'aime ta verdure !
Quand par l'hiver,
bois et guérets
sont dépouillés

de leurs attraits.
Mon beau sapin,
roi des forêts,
tu gardes ta parure.
Toi que Noël
planta chez nous
au saint anniversaire !
Toi que Noël
planta chez nous
au saint anniversaire !

Mon beau sapin,
comme il est doux
de te voir briller

parmi nous.
Toi que Noël
planta chez nous
scintillant de lumière.
Toi que Noël
planta chez nous
scintillant de lumière.
Mon beau sapin,
roi des forêts,
que j'aime ta verdure !

Mon beau sapin,
roi des forêts,
que j'aime ta verdure !

Tu peux écouter cette chanson sur ton CD, piste 6.

Il était une bergère

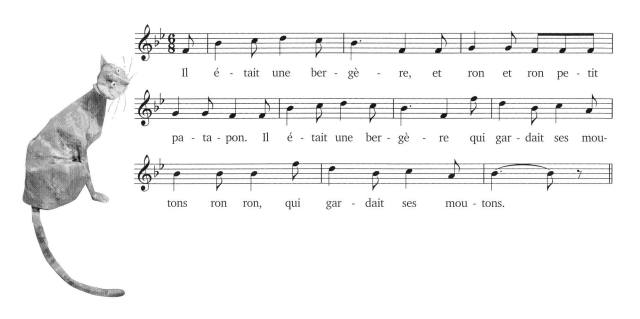

Il é - tait une ber - gè - re, et ron et ron pe - tit pa - ta - pon. Il é - tait une ber - gè - re qui gar - dait ses mou- tons ron ron, qui gar - dait ses mou - tons.

Il était une bergère,
et ron et ron
petit patapon.
Il était une bergère
qui gardait ses moutons
ron ron,
qui gardait ses moutons.

Elle fit un fromage,
et ron et ron
petit patapon.
Elle fit un fromage,
du lait de ses moutons
ron ron,
du lait de ses moutons.

Le chat qui la regarde,
et ron et ron
petit patapon.
Le chat qui la regarde
d'un petit air fripon
ron ron,
d'un petit air fripon.

Si tu y mets la patte,
et ron et ron
petit patapon.
Si tu y mets la patte,
tu auras du bâton
ron ron,
tu auras du bâton.

Il n'y mit pas la patte,
et ron et ron
petit patapon.
Il n'y mit pas la patte,
il y mit le menton
ron ron,
il y mit le menton.

La bergère en colère,
et ron et ron
petit patapon.
La bergère en colère
battit le p'tit chaton
ron ron,
battit le p'tit chaton.

À la claire fontaine

À la claire fontaine, m'en allant promener,

j'ai trouvé l'eau si bel - le que je m'y suis bai - gné.

Il y a long - temps que je t'ai-me, ja - mais je ne t'ou - blie - rai.

À la claire fontaine,
m'en allant promener,
j'ai trouvé l'eau si belle
que je m'y suis baigné.

Refrain
Il y a longtemps
que je t'aime,
jamais
je ne t'oublierai !

Sous les feuilles d'un chêne,
je me suis fait sécher,
sur la plus haute branche,
un rossignol chantait.

Refrain

Chante, rossignol, chante,
toi qui as le cœur gai,
tu as le cœur à rire,
moi, je l'ai à pleurer.

Refrain

J'ai perdu mon amie,
sans l'avoir mérité,
pour un bouquet de roses
que je lui refusai.

Refrain

Je voudrais que la rose
fût encore au rosier,
et que ma douce amie
fût encore à m'aimer.

Refrain

Tu peux écouter cette chanson sur ton CD, piste 7.

C'est la mère Michel

C'est la mère Mi - chel qui a per - du son chat, qui crie par la fe - nêtre à qui le lui ren - dra. C'est le père Lus - tu - cru qui lui a ré - pon - du : Al - lez la mère Mi - chel, vot' chat n'est pas per - du ! Sur l'air du tra - la - la - la, sur l'air du tra - la - la - la, sur l'air du tra - dé - ri - dé - ra et tra - la - la.

C'est la mère Michel
qui a perdu son chat,
qui crie par la fenêtre
à qui le lui rendra.
C'est le père Lustucru
qui lui a répondu :
– Allez, la mère Michel,
votre chat n'est pas perdu !

Sur l'air du tralalala *(bis)*,
sur l'air du tradéridéra
et tralala.

C'est la mère Michel
qui lui a demandé :
– Mon chat n'est pas perdu,
vous l'avez donc trouvé ?
C'est le père Lustucru
qui lui a répondu :
– Donnez une récompense,
il vous sera rendu.

Sur l'air du tralalala *(bis)*,
sur l'air du tradéridéra
et tralala.

C'est la mère Michel
qui dit : – C'est décidé,
rendez-moi donc mon chat,
vous aurez un baiser.
Mais le père Lustucru
qui n'en a pas voulu
lui dit : – Pour un lapin,
votre chat est vendu !

Sur l'air du tralalala *(bis)*,
sur l'air du tradéridéra
et tralala.

Elle descend de la montagne

Elle des - cend de la mon - ta - gne à che - val.

Elle des - cend de la mon - ta - gne à che - val.

Elle des - cend de la mon - ta - gne, elle des - cend de la mon-

ta - gne, elle des - cend de la mon - ta - gne à che - val.

Elle descend de la montagne
à cheval *(bis)*.
Elle descend
de la montagne *(bis)*,
elle descend
de la montagne à cheval.

Refrain
Singing I, I,
youpee youpee I *(bis)*
Singing I, I, youpee,
I, I, youpee,
I, I, youpee youpee I.

Elle embrasse
son grand-père
en descendant *(bis)*.

Elle embrasse
son grand-père *(bis)*,
elle embrasse son grand-père
en descendant.

Refrain

Je voudrais bien
être son grand-père
en descendant *(bis)*.
Je voudrais bien être
son grand-père *(bis)*,
je voudrais bien
être son grand-père
en descendant.

Refrain

Mais j'aime mieux
avoir vingt ans
et toutes mes dents *(bis)*.
Mais j'aime mieux
avoir vingt ans *(bis)*,
mais j'aime mieux
avoir vingt ans
et toutes mes dents.

Aux marches du palais

Aux mar - ches du pa - lais, aux mar - ches du pa - lais, y a

une tant bel - le fil - le, lon la, y'a une tant bel - le fil - le.

Aux marches du palais *(bis)*,
y a une tant belle fille, lon la,
y a une tant belle fille.

Elle a tant d'amoureux *(bis)*,
qu'elle ne sait lequel prendre,
lon la,
qu'elle ne sait lequel prendre.

C'est un p'tit cordonnier *(bis)*,
qu'a eu la préférence, lon la,
qu'a eu la préférence.

Et c'est en la chaussant *(bis)*,
qu'il fit sa confidence, lon la,
qu'il fit sa confidence.

La belle, si tu voulais *(bis)*,
nous dormirions ensemble,
lon la,
nous dormirions ensemble.

Dans un grand lit carré *(bis)*,
parfumé de lavande, lon la,
parfumé de lavande.

Aux quatre coins du lit *(bis)*,
un bouquet de pervenches,
lon la,
un bouquet de pervenches.

Et nous serions heureux *(bis)*,
jusqu'à la fin du monde,
lon la,
jusqu'à la fin du monde.

Tu peux écouter cette chanson sur ton CD, piste 8.